EXAMEN

CRITIQUE ET RAISONNÉ

DES TABLEAUX.

Se trouve aussi chez :

MM. DELAUNAY, Palais-Royal, galerie de
bois, n.º 243.

FAVRE, Palais-Royal, même galerie,
n.º 263.

EXAMEN

CRITIQUE ET RAISONNÉ

DES TABLEAUX

DES PEINTRES VIVANS,

FORMANT L'EXPOSITION DE 1808.

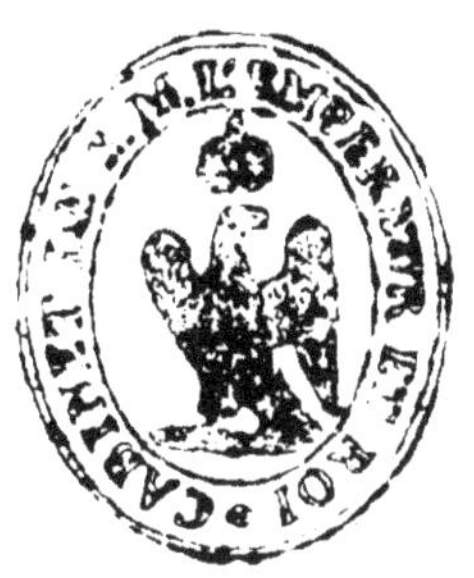

A PARIS,

Chez madame veuve HOCQUART, Libraire,
rue de l'Éperon, n.° 6.

M. DCCC. VIII.

AVERTISSEMENT.

Une critique vague et non motivée est aussi dangereuse que perfide ; mais lorsqu'un jugement critique est motivé, les hommes peuvent facilement l'apprécier à sa juste valeur ; et, s'il n'est pas fondé, il retombe sur son auteur. Puissé-je ne jamais mériter aucun reproche à cet égard ! Persuadé qu'une critique trop sévère est souvent l'écueil d'un talent naissant, je m'en abstiendrai constamment ; et si je blâme souvent les principaux défauts des productions de nos artistes, je chercherai encore plus souvent à louer leurs beautés.

Dans la description des tableaux, aucun ordre n'a été suivi ; mais par le moyen de la table, qui se trouve à la fin, il sera facile de trouver les tableaux que l'on désire.

OBSERVATION.

Lorsqu'on parle du côté droit ou du côté gauche d'un tableau, on entend la droite ou la gauche du spectateur qui est supposé en face du tableau ; mais c'est autre chose lorsqu'il s'agit de la gauche ou de la droite d'une des figures représentées dans le tableau : c'est uniquement à la situation de cette figure qu'il faut alors rapporter les autres objets de ce tableau.

EXAMEN

CRITIQUE ET RAISONNÉ

DES TABLEAUX.

GERARD.

N.° 240. — *Les Trois Ages.*

L'IDÉE de ce charmant tableau est pleine de sentiment et de poésie. « *Dans le voyage de la vie la femme est le guide, le charme et le soutien de l'homme.* Une jeune femme assise tient un petit enfant sur ses genoux ; à sa gauche est un jeune homme assis, et à sa droite un vieillard. Le fond du tableau est un paysage.

La touchante expression qui règne sur le visage de la jeune femme, la naïve simplicité qui embellit cette composition, suffiroient pour prouver le talent de l'artiste. M. Gerard a entièrement sacrifié le paysage, qui est d'un ton gris et peu naturel. N'eût-il pas mieux valu emlellir cette scène poétique par les charmes d'une belle nature ?

La draperie jaune de la femme est roide, celle du jeune homme est trop entortillée autour de son corps. L'attitude du vieillard manque de noblesse ; c'est celle d'un homme excédé de fatigue ; d'ailleurs son corps est trop grêle et ses membres trop alongés. Le coloris est naturel et agréable.

~~~~~~~~~~

244. — *Portrait en pied de madame la comtesse de Kamoyska, avec ses deux enfans.*

Ce charmant tableau présente l'ensemble le plus agréable ; on y reconnoit le pinceau de ce célèbre artiste ; la beauté du coloris, la correction du dessin ne laissent presque rien à désirer : on souhaiteroit peut-être plus de fraîcheur dans les carnations, et l'étoffe de la robe blanche de la comtesse n'est pas bien caractérisée. Mais que sont ces légers défauts auprès des beautés que nous offre ce tableau ?
~~~~~~~~~~

PRUD'HON.

484. — *La Justice et la Vengeance divine poursuivant le Crime.*

Le Crime, personnage allégorique, paroît fuir, et sa victime, percée de plusieurs coups, est étendue sur la terre, privée de la vie; vers le haut du tableau et dans les airs, la Justice et la Vengeance divine, avec leurs attributs, poursuivent le coupable; un site sauvage et solitaire sert de fond, et la lune éclaire cette scène d'horreur.

Ce beau tableau est plein d'énergie et de vigueur. La figure du Crime, quoique trop petite à proportion des autres figures, est bien caractérisée; son visage présente l'expression la plus atroce. La Vengeance divine, un flambeau à la main, semble indiquer à la Justice, armée d'un glaive, celui qu'elle doit frapper. Ces deux figures, pleines d'expression, offrent des beautés du premier ordre; on pourroit cependant les désirer un peu plus aériennes.

La lumière de la lune n'est point assez prononcée; elle devroit argenter les parties saillantes des rochers qui servent de fond.

485. — *Psyché, exposée sur le rocher, est enlevée par les Zéphyrs, qui la transportent dans la demeure de l'Amour.*

Ce joli tableau, d'une manière bien différente du précédent, annonce que M. Prud'hon peut réussir en plus d'un genre. Dans le premier, on trouve une force et une énergie extraordinaires, et dans le second, une légèreté aérienne, de la grâce et une suavité extrême : c'est dommage que les carnations donnent un peu dans le rose. Le Zéphyr principal, celui qui soutient Psyché, se dessine mal ; il paroît aplati sous ce fardeau ; son corps est trop long pour sa tête. La draperie jaune de Psyché fait des circonvolutions peu naturelles.

GIRODET.

258. — *Atala au tombeau.*

Ce tableau, par sa simplicité et le charme de sa composition, fixe les suffrages de tous les amateurs. Un silence religieux, produit par l'harmonie du tout ensemble, semble régner sur cette composition. On y admire l'expression triste et solennelle du père Aubry ; le visage d'Atala, quoique couvert des ombres de la mort, porte l'empreinte d'une pieuse résignation, et il offre les traces d'une beauté angélique.

Chactas soutient le corps de son amante, et déjà descendu dans la fosse, il va y déposer, aidé du père Aubry, l'objet de son premier amour. Sa tête est penchée sur le corps d'Atala ; il semble lui dire un dernier adieu. Quelle est touchante l'expression de cette douleur concentrée ! Le coloris est plein de vérité : ce n'est pas un coloris brillant, mais il est tel qu'il convient à cette scène de douleur. La lumière qui éclaire le corps d'Atala est bien jetée et produit l'effet le plus heureux.

M. Girodet a peut-être répandu trop d'uniformité sur le corps du sauvage, dont quelques ombres auroient pu être plus prononcées, sans que l'harmonie générale en fût altérée.

Il est des personnes qui trouvent le ciel trop bleu et pas assez vaporeux ; elles doivent observer que, dans ces contrées, l'air est très-pur et peu chargé de vapeurs.

257. — *Sa Majesté l'Empereur recevant les clefs de Vienne.*

Ce sujet, dénué d'action, étoit peu propre à la peinture; cependant M. Girodet a tellement disposé ses figures et a si bien su leur donner le caractère qui leur est propre, qu'il en a tiré tout le parti possible.

Un magistrat présente, sur un coussin, les clefs de Vienne à Sa Majesté l'Empereur, qui est debout. A droite se trouvent Sa Majesté le roi de Naples, le prince de Neufchâtel, le maréchal Bessières, ainsi que plusieurs autres personnages. Le magistrat est accompagné du député du chapitre, de l'évêque, qui paroît porter la parole, et de quelques autres personnes. A gauche, sur le devant, on aperçoit dans la demi-teinte un paysan et une paysanne; ces deux figures sont du meilleur goût. Dans le fond on distingue quelques autres figures de villageois.

L'ordonnance générale du tableau est belle; l'artiste a disposé ses figures en demi-cercle, de sorte que les deux personnages principaux, qui sont au milieu, se détachent parfaitement bien.

Celui qui présente les clefs n'est pas un vieillard, comme pourroient le faire croire sa tête à
demi-chauve et ses cheveux qu'un reflet blanchâtre rendent presque gris ; c'est au contraire
un homme dans toute la force de l'âge.

Le dessin est correct et la couleur chaude
et vigoureuse : les figures du côté droit sont
peintes avec une vigueur étonnante.

Les jambes du mameluck , qui se trouve
derrière le cheval de Sa Majesté , paroissent
sur un autre plan que son buste, c'est-à-dire ,
elles avancent trop.

Mme MONGEZ (née Levol).

435. — *Orphée aux Enfers.*

Tout le monde connoît l'histoire d'Orphée ,
de ce fils d'Apollon , qui perdit Eurydice , son
épouse, le jour même de ses nôces. Il descendit
aux Enfers pour la chercher, et Pluton, at-
tendri par les divins accords de sa lyre, la lui
rendit.

Pluton est sur son trône, Proserpine est assise à ses côtés. Devant eux est Orphée ; il tâche de fléchir le maître des Enfers par les sons

mélodieux de sa lyre , et l'Amour guide sa main. A la droite du trône se trouvent les juges infernaux et le nautonier des Enfers appuyé sur son aviron. A gauche sont les trois Parques. Derrière Orphée s'avance Eurydice , guidée par Mercure et deux Amours.

C'est dommage que madame Mongez n'ait pas tiré tout le parti possible de ce sujet, qui prête à la peinture. L'attitude d'Eurydice est théâtrale et manque de fermeté; celle d'Orphée est mesquine ; une des trois Parques fait une grimace affreuse, et Caron n'est guères mieux traité. La chair de l'Amour est presque semblable à celle d'Orphée , et en général les carnations sont grises et peu naturelles. Pourquoi Cerbère se trouve-t-il si près du trône de Pluton ? n'étoit-il pas enchaîné à la porte des Enfers ? d'ailleurs tous les poëtes le représentent endormi par les sons mélodieux d'Orphée.

Cependant, il faut en convenir, la disposition générale est très-belle, et Orphée guidé par l'Amour est une idée heureuse et poétique.

La réverbération du feu des Enfers devroit colorer les figures d'un reflet rougeâtre.

ROLLIN d'IvRI.

539. — *Le couronnement de Sa Majesté l'Impératrice.*

Ce tableau offre un effet de lumière frappant; mais lorsqu'on l'examine avec attention, on est étonné de ne point trouver la cause de cette masse de lumière, qui, occupant le centre du tableau, éclaire le lieu de la scène. Provient-elle de l'ange qui paroît vers le haut de la voûte? Si cela étoit, la route que parcourt la lumière devroit être indiquée par un cône lumineux, qui, partant de la gloire de l'esprit céleste, iroit éclairer le milieu du tableau.

Il est évident que M. Rollin a voulu imiter le genre de Rembrand; mais il a été trop loin, car il a aussi imité le dessin lourd et incorrect de ce célèbre artiste, et on peut aussi remarquer que ses teintes sont moins fraîches. Cependant ce tableau, si on le considère comme une simple esquisse, annonce beaucoup de talent.

Mme SERVIÈRES.

552. — *Agar dans le désert.*

L'histoire d'Agar est connue de tout le monde. L'artiste a choisi le moment où, réduite à la dernière extrémité, elle implore le secours du ciel pour son fils, qui, abattu par une soif ardente, est appuyé sur elle. C'est dommage que les figures tranchent désagréablement sur un fond dont nul objet ne vient détruire l'uniformité et sur lequel l'œil cherche en vain à se reposer. Cependant l'artiste auroit pu placer quelques arbres dans son tableau; car la Genèse rapporte qu'Ismaël fut déposé par sa mère au pied d'un arbre (*Gen.*, *cap.* 21, *v.* 11); mais peut-être madame Servières a-t-elle confondu les déserts de la Palestine avec les mers sabloneuses de la Lybie, où il ne croît aucun végétal ?

L'attitude d'Agar est peu naturelle; on ne sait si elle est assise ou à genoux : les draperies sont lourdes et mal senties.

MEYNIER.

429. — *Les soldats du 76.ᵐᵉ de ligne retrouvent leurs drapeaux dans l'arsenal d'Inspruck, et les reçoivent des mains de leur général, monseigneur le maréchal de l'empire Ney, commandant le sixième corps de la grande-armée.*

Le soixante-seizième de ligne avoit perdu trois drapeaux dans les Grisons ; cette perte pénétroit ces braves soldats du plus vif regret. Ces drapeaux ont été retrouvés dans l'arsenal d'Inspruck : tous les soldats sont aussitôt accourus ; le maréchal Ney les leur a rendus, et des larmes de joie couloient des yeux de tous les vieux guerriers.

Ce tableau présente beaucoup d'action : une foule de soldats s'est précipitée dans l'arsenal ; un d'entr'eux a enveloppé son bras avec le drapeau et le presse sur son cœur, comme pour dire : *Je ne te quitterai plus qu'avec la vie.* Cette pensée est belle, elle est héroïque ; c'est dommage que l'attitude du guerrier n'y réponde pas ; il est à genoux et sa figure annonce plutôt l'égarement qu'un sentiment de joie.

Un autre découvre sa poitrine et montre la cicatrice d'une blessure qu'il a reçue en défendant ses drapeaux. Cette pensée est heureuse, et elle est de plus parfaitement bien exprimée ; c'est dommage qu'elle soit prodiguée, car un autre soldat montre aussi une blessure qu'il a reçue au bras. Étoit-ce en défendant ses drapeaux ? on n'est pas obligé de le croire ; l'action que le peintre lui prête convenoit plus particulièrement aux soldats du 76.me régiment de ligne, et celui-ci est un dragon. Encore une idée heureuse : Un jeune homme, que son camarade soulève, écrit sur les murs : *Le soixante-seizième retrouvant ses drapeaux dans l'arsenal d'Inspruck.* Entre les soldats qui se précipitent dans l'arsenal, est un vieux sapeur : son regard est sombre, le souvenir de la perte des drapeaux l'emporte sur la joie de les avoir retrouvés. L'attitude du maréchal Ney est belle et significative, l'ordonnance générale est bien entendue, les groupes sont disposés avec art et bien liés ; la couleur est agréable, mais peu vigoureuse.

BERGERET.

19. — *François 1.ᵉʳ et Henri VIII luttant ensemble au camp du Drap-d'Or.*

Lors de l'entrevue de Henri VIII et de François 1.ᵉʳ, des François et des Anglois luttèrent en présence des monarques, les derniers remportèrent le prix; les deux rois se retirèrent alors sous une tente, et Henri VIII, saisissant le roi de France au collet, lui dit : *Mon frère, il faut que je lutte avec vous.* Mais François 1.ᵉʳ, plus adroit, le prit par le milieu du corps et le jeta à terre. M. Bergeret a choisi l'instant où le roi d'Angleterre, appuyé sur une main, cherche à se relever, pour recommencer le combat; mais François 1.ᵉʳ, debout, le tient en respect, et le cardinal de Volsey cherche à les séparer; le reste de la tente est rempli par des dames, des pages et des hommes-d'armes.

On ne peut s'empêcher de reprocher à l'artiste d'avoir trop négligé les figures du fond; un reflet blanchâtre et peu naturel défigure leurs visages, et la plupart ont la bouche trop près du nez. On ne trouve que peu d'expression dans les trois figures principales, celles des deux rois et du cardinal. Cependant le dessin est correct, et les étoffes bien caractérisées.

RICHARD.

495. — *Déférence de saint Louis pour sa mère.*

Blanche de Castille, jalouse de l'ascendant qu'elle avoit sur son fils, le voyoit avec peine auprès de Marguerite de Provence, son épouse; elle interrompoit continuellement leurs tête-à-tête, et ces deux époux ne se voyoient qu'à la dérobée : l'huissier de la chambre faisoit aboyer ses chiens, pour les avertir de se séparer, lorsque Blanche approchoit. Un jour cependant, et c'est le sujet du tableau de M. Richard, celle-ci surprit son fils auprès de Marguerite, qui étoit dangereusement malade, et lui dit : *Allez-vous - en, vous ne faites rien ici.* L'artiste a choisi l'instant où saint Louis s'éloigne avec douleur de son épouse mourante ; celle-ci lui tend les bras pour le rappeler , et Blanche de Castille, avec un geste impérieux , ordonne à son fils de s'éloigner : au fond , dans une autre pièce , on aperçoit l'huissier qui fait aboyer ses chiens (quoiqu'un peu tard); auprès de Marguerite, est une de ses femmes éplorée.

On ne saurait trop admirer ce charmant tableau. Dessin élégant et correct, finesse d'expression, attitudes d'un beau choix, coloris enchanteur, entente admirable du clair-obscur, voilà ce qu'en général on admire dans les tableaux de M. Richard, et celui-ci l'emporte encore sur les autres.

Les vrais connoisseurs loueront moins le fini précieux de ses ouvrages, que l'art avec lequel il tire la lumière et la répand sur ses compositions: sur ce point il se montre le digne émule de Rembrand.

496. — *Marie Stuart, reine d'Ecosse.*

L'infortunée Marie Stuart, prisonnière d'Elisabeth, s'administre elle-même, peu d'heures avant d'aller au supplice, le sacrement de l'Eucharistie avec une hostie consacrée que le pape lui avoit accordée.

Ce sujet simple et dont l'action est tranquille, prête moins à la peinture que le précédent; cependant l'artiste en a tiré tout le parti possible. Marie Stuart est au pied d'un prie-dieu, elle tient l'hostie consacrée, son visage exprime une piété angélique, mêlée d'une douce joie ; au-dessus du prie-dieu, est une fenêtre par où le jour se répand dans la chambre , ou plutôt dans la prison de Marie , et l'effet de lumière qui en résulte est des plus heureux.

Melle MAYER.

417. — *Le flambeau de Vénus.*

Le coloris de ce tableau est faux, et le dessin , très-incorrect, manque de proportion en plusieurs endroits; par exemple , que l'on jette les yeux sur la Vénus, et que l'on examine si son bras et sa cuisse droite peuvent appartenir à une même personne , et l'on sera étonné de leur disproportion; les Amours sont maniérés et les carnations tombent dans le rose.

FABRE.

212. — *Le jugement de Páris.*

Ce charmant tableau présente des figures bien dessinées, un coloris agréable et un fini précieux. Páris tient la pomme, il la donne à Vénus, à qui l'Amour présente une palme. Junon et Minerve s'éloignent : la première semble les menacer d'un air altier, et la se-

conde sourit avec mépris ; dans les airs , et sur
un nuage , est le messager des dieux.

La figure de Pâris est belle, ses formes nobles
et gracieuses ; il en est de même de Minerve
et de Junon ; mais l'attitude de Vénus manque de noblesse , elle semble avoir froid , et
sa figure ne paroît pas devoir lui assurer le
prix de la beauté ; Pâris tient la pomme plutôt qu'il ne la présente. Mercure est trop grand
pour la distance où il est, et les nuages qui le
supportent sont mal caractérisés.

LE JEUNE.

382. — *Vue d'un bivouac de l'Empereur
dans les plaines de la Moravie , l'un des
jours qui ont précédé la bataille d'Austerlitz , en décembre 1805.*

Le ton gris du ciel indique l'heure du matin.
Le lieu de la scène est une plaine de la Moravie ; dans le fond on aperçoit une hauteur.
Sur le devant, Sa Majesté , se chauffant au bivouac, où elle vient de passer la nuit, interroge
des prisonniers russes sur la marche des ennemis : non loin de là , à gauche, des soldats
assomment des oies à coups de bâton ; d'autres

coupent du bois, rassemblent des fourrages et emmènent des bestiaux : sur le devant, du même côté, est le bivouac des officiers et de l'état-major.

On ne sauroit donner trop d'éloges à ce beau tableau qui, par la variété du site, des détails et des costumes, peut être considéré comme historique : le dessin est correct, les attitudes variées et naturelles, le coloris vrai et agréable, et le clair-obscur d'une belle entente. Le groupe principal est disposé de la manière la plus pittoresque ; il se détache admirablement bien sur une épaisse fumée, qui s'élève du feu du bivouac de Sa Majesté ; le groupe des officiers de l'état-major est moins heureusement disposé, on y remarque un peu de confusion et des tons crus. Le paysage est d'une vérité frappante, la perspective aérienne est bien observée, les lointains se perdent dans les ombres du matin.

GAUTHEROT.

236. — *Allocution.*

Par un tems affreux, l'Empereur, haranguant ses soldats, leur parle de la confiance qu'il a en leur bravoure, et ceux-ci, pénétrés du plus vif enthousiasme, jurent de vaincre ou de mourir ; tel est le sujet de ce tableau. Autour de Sa Majesté, qui est à cheval, sont rangés les soldats qui l'écoutoient. L'ordonnance générale du tableau est belle ; le personnage principal se détache bien ; son action est significative, il a cessé de parler, il montre le lieu où se trouve l'ennemi, et ses troupes brûlent de combattre. Les chevaux sont médiocrement dessinés, et on pourroit trouver quelque chose à redire à l'écartement des jambes du soldat placé à gauche du tableau près la bordure. Le dessin est correct, les attitudes naturelles, et même d'un beau choix. La perspective aérienne est bien observée. Le temps est nébuleux, et les derniers plans se perdent dans le brouillard.

PAILLOT.

452. — *Geneviève de Brabant.*

L'histoire de Geneviève de Brabant est trop généralement connue pour la rapporter ici. Nous nous contenterons de dire que M. Paillot l'a représentée assise, dans l'attitude de l'abattement : sa tête est appuyée sur sa main ; son visage exprime une mélancolie profonde : elle est à demi-couverte d'une draperie qui retombe négligemment. Son enfant est à ses pieds, et à côté sa biche nourricière. Le site qui sert de fond est sauvage et solitaire, la vue est bornée par un amas de rochers.

L'attitude de Geneviève est belle, et convient bien à l'expression noble et touchante de son visage : le dessin est à la fois élégant et correct ; la draperie d'un bon goût. Le coloris est agréable ; mais il manque, en général, de vigueur.

OMÉGANCK.

450. — *Vue des environs de Liége.*

Ce beau paysage, comparable aux productions des meilleurs artistes de l'école flamande, annonce un talent supérieur. On ne trouve point, à la vérité, dans ce tableau, le grandiose qui caractérise les paysages du Poussin et de Guaspre ; mais une couleur chaude et vraie, un clair-obscur admirable, de l'harmonie, de la suavité, et une imitation frappante de la natura. Le ciel est d'une légèreté et d'une transparence vraiment aériennes.

Sur les devans est un troupeau, dont on ne sait assez admirer la vérité.

VERMAY.

616. — *Marie Stuart, reine d'Ecosse, recevant sa sentence de mort que vient de ratifier le parlement.*

Tout le monde connoît l'histoire de Marie d'Écosse, de cette victime de la politique et de la haine d'Élisabeth. L'artiste a choisi le moment où elle vient d'entendre la lecture de son arrêt de mort; le commissaire, qui tient en main sa sentence, n'ose fixer cette infortunée princesse; son regard altier se détourne, cependant sa physionomie annonce un homme dur et méchant. Marie est debout, derrière elle sont ses femmes, qui donnent les marques d'une vive douleur.

Ce tableau annonce beaucoup de talent; le costume y est exactement observé, c'est bien celui du seizième siècle. L'expression dure du commissaire est pleine de force et de vérité; mais la figure de Marie Stuart est trop roide, et son visage porte plutôt le caractère de la bouderie, que celui d'une résignation noble et calme; la main droite de la femme placée derrière elle est trop grosse : on peut aussi remarquer que le fauteuil de Marie devroit projeter une ombre : le groupe des trois femmes placées dans le coin du tableau, est peut-être un peu négligé : mais ces légers défauts sont bien rachetés par la beauté du coloris, qui est plein de vérité.

GUÉRIN.

276. — *Sa majesté l'Empereur pardonnant aux révoltés du Caire, sur la place d'El-bekir.*

M. Guérin paroît avoir changé de manière, et, il faut en convenir, celle-ci ne vaut pas la précédente : le public se rappelle toujours avec enthousiasme *Sextus Marcus*, *Phèdre et Hypolite* ; et aujourd'hui les révoltés du Caire, ainsi qu'*Amyntas*, n'excitent pas autant son admiration ; cependant ces deux tableaux offrent de grandes beautés de détail, et les vrais connoisseurs leur rendront justice.

A gauche du tableau, sur un petit tertre,

est un groupe de Français, au milieu duquel
est Sa Majesté , vis-à-vis sont les révoltés.
L'Empereur leur a pardonné : on détache
leurs liens; les uns, déjà libres, expriment leur
reconnoissance par des transports de joie; d'autres, au contraire, portent sur leur visage
l'expression de la férocité, la vengeance est
empreinte dans leurs regards : ce sont des ti-
gres altérés de sang, que rien ne peut amollir.
Vers l'extrémite droite du tableau on remarque trois captifs; leurs mains sont encore liées,
ils les tendent d'un air suppliant vers le soldat
chargé de les mettre en liberté. Mais quel est
ce jeune homme, qui, percé d'un coup mor-
tel, est appuyé sur un vieillard assis à terre?
Est-ce son fils? Alors la soif de la vengeance ,
dont le sombre feu brille dans les yeux du
vieillard , auroit donc éteint en lui les plus
doux sentimens de la nature, car son regard se
porte sur d'autres objets, et à peine paroît-il
donner quelqu'attention au fardeau qu'il soutient.

Au milieu du tableau se trouve l'interprète ,
chargé de transmettre aux révoltés les paroles
du général; cette figure est d'un grand effet ;
d'ailleurs elle sert de liaison aux deux groupes.

Le groupe de révoltés offre de grandes

beautés, des expressions fortes et énergiques, de beaux airs de tête ; on y retrouve un pinceau à la fois large et moélleux ; mais il n'en est pas de même de l'autre groupe, qui est un peu négligé, et dont la figure principale est d'un dessin maigre.

La lumière qui éclaire les objets est tirée du fond du tableau ; elle est répandue d'une manière uniforme et générale, de sorte que les figures des révoltés se détachent mal les unes des autres : les rayons du soleil passant à travers le feuillage d'un grand arbre, sous lequel est le général et sa suite, se divisent, se dispersent, et l'effet qui en resulte n'est pas heureux ; il le pourroît être cependant, si ces mêmes rayons étoient rassemblés, et s'ils ne formoient qu'une masse de lumière soutenue par de fortes masses d'ombres.

<hr>

277. — *Amyntas.*

Deux jeunes pasteurs, accablés de fatigue, brûlés par l'ardeur du soleil, se reposent sous des arbres qui leur accordent un ombrage bienfaisant ; sous ce même boccage sont un tombeau et une source d'eau vive : une jeune fille s'approche de la fontaine, un vase à la main, pour y puiser de l'eau, et leur raconte l'histoire d'Amyntas, qui repose dans cette tombe; c'étoit lui qui avoit planté ces arbres, et qui avoit amené une source d'eau vive en ces lieux *(Gessner.)*

Les deux bergers sont assis; les formes délicates et sveltes de l'un d'eux annoncent qu'il est à peine sorti de l'adolescence, et l'autre, plus âgé, est aussi plus robuste; devant eux la jeune fille, appuyée sur son vase, leur parle d'Amyntas, et ils paroissent l'écouter avec intérêt.

Les deux bergers sont dans une demi-teinte legère; mais cette demi-teinte trop générale est réellement nuisible à l'effet, en ce qu'elle éteint absolument la fraîcheur des carnations, qui semblent ternes et passées; à peine entrevoit-on une teinte franche au coude de l'un des bergers, éclairé par un rayon du soleil.

D'ailleurs, par la manière dont la lumière est répandue, ces figures manquent absolument de force et de relief, et ne tournent pas assez.

Quant au dessin, il est correct, les formes sont nobles et gracieuses, les têtes expressives, et on ne sauroit trop admirer l'élégance du style.

L'index et le pouce de la main droite de la jeune fille paroissent de la même longueur ; il en résulte un effet désagréable.

~~~~~~~~~~~~~~~~~~~~~~~~~~~~~~~~

LE BOULLENGER DE BOISFREMONT.

368. — *Orphée aux enfers.*

Il est inutile de rapporter ici l'histoire d'Orphée, dont nous avons déjà donné un précis, page 13, au sujet du tableau de madame Mongez.

L'artiste a représenté Orphée à demi-agenouillé sur les marches du trône où sont assis Pluton et Proserpine : il essaie de toucher ces divinités infernales par les doux sons de sa lyre ; au bas du trône, à droite du tableau, sont les trois parques, et à gauche, derrière Orphée, on aperçoit Mercure ; du même coté, dans le fond, on entrevoit quelques ombres.

Les trois parques, attentives aux sons mélodieux d'Orphée, ont suspendu leur travail : les ciseaux d'Atropos sont oisifs, et Lachesis ne fait plus tourner son fuseau ; c'est une petite licence dont on ne doit pas faire un crime à M. Le Boullenger, d'autant plus que ces trois figures sont très-expressives.

La cuisse et la jambe droite d'Orphée sont

trop longues pour sa tête : son corps, et en particulier le torse, sentent un peu le marbre.

La figure de Pluton annonce l'attention ;
mais cette attention ne paroît encore mêlée
d'aucun sentiment favorable pour Orphée.

Le ton rougeâtre du tableau est motivé
par la lueur des flammes du Tartare, dont on
aperçoit une perspective lointaine , au côté
droit du tableau.

On pourroit désirer plus de transparence et
plus de vigueur dans les ombres.

PONCE CAMUS.

481.—*L'Empereur Napoléon au tombeau de
Frédéric.*

Ce beau tableau offre un effet de lumière
frappant par sa vérité. Sa Majesté s'est fait
ouvrir la grille du caveau où repose Frédéric II,
et considère le tombeau de ce grand homme ;
derrière lui et dans l'ombre , sont quelques
autres personnages ; à gauche sont les sacris-
tains, qui ont conduit l'Empereur : l'un d'eux
tient les clefs, et l'autre un flambeau, dont
la flamme est cachée ; cette lumière se répand dans le soûterrain, et éclaire la figure

principale de la manière la plus pittoresque. L'attitude de Sa Majesté est belle, le dessin, en général, large et correct.

Ce tableau annonce beaucoup de talent, et suppose une grande connoissance du clair-obscur.

GREUSE (feu).

29. — *Sainte Marie Egyptienne.*

Un excellent peintre peut être quelquefois au-dessous de lui : le tableau de M. Greuse, représentant la Madelaine pleurant ses péchés, le prouve. Laissant même à part le coloris, qui est mauvais, que l'on se borne à examiner la tête, qu'on la compare à celles du Guide, et la Madelaine de Greuse ne paroîtra qu'une figure grimaçante.

MENJAUD.

425. — *Henri IV chez Michaud*

Le bon Henri IV, égaré pendant la nuit dans la forêt de Fontainebleau, est arrêté, comme braconnier, par Michaud, meûnier de Lieursaint ; mais Henri IV, cachant les marques de sa dignité, se fait passer pour un des officiers du roi, et lui demande l'hospitalité. Michaud le conduit chez lui, ils se mettent à table pour souper ; au dessert Michaud boit à la santé du roi, et chante, en son honneur, une chanson dont les convives répètent le refrein ; Henri IV se détourne pour cacher des larmes d'attendrissement prêtes à couler de ses yeux : voilà le sujet du tableau, et ce sujet est heureux à en juger par l'effet qu'il produit sur les spectateurs. Le bon Michaud est debout, il tient son chapeau d'une main, et son verre de l'autre, et entonne le refrein : *Vive Henri IV !* Richard et Catau le répètent ; Henri IV se détourne pour ne pas se trahir par ses larmes, et Margot, le prenant par le bras, lui demande pourquoi il ne se joint pas à eux. Toutes ces figures sont pleines d'expression, mais d'une expression vraie, naturelle, et telle qu'elle convient à chaque personnage : mais c'est surtout à celles de Michaud, de Margot et de Henri IV qu'il faut s'arrêter.

Le coloris est à la fois brillant et harmonieux. La chambre est éclairée par une lampe, dont la flamme est cachée par le chapeau de

Richard; l'effet de lumière est frappant par sa vérité.

Il y a une légère incorrection de dessin dans le bras gauche de Catau, qui est trop long.

DEMARNE.

161 à 168. — *Huit tableaux.*

On admire avec raison ces huit petits tableaux : ils représentent des grandes routes, des foires, des marchés, une procession, etc. Les petites figures sont touchées avec beaucoup d'esprit et de finesse ; les ciels, les lointains, les fabriques, les animaux, tout est plein de vérité ; la couleur est agréable et vigoureuse.

169. — *L'entrevue de Sa Majesté l'Empereur et de Sa Sainteté Pie VII, dans la forêt de Fontainebleau. — Paysage par Dunoui.*

Il n'en est pas de même de ce tableau : M. Demarne est sorti de son genre, et il n'a pas réussi : le dessin de toutes les figures qui le composent est absolument incorrect, nulle ressemblance dans les têtes. Le coloris est bien au-dessous de celui des tableaux précédens.

~~~~~~~~~~~~~~~~~~~~~~~~~~~~~~~~~~~~~~~

BLONDEL

44. — *Prométhée enchaîné sur le Caucase.*

Prométhée, fils de Japet et de Climène, voulant imiter le maître des dieux, forma une statue de terre, et pour l'animer, déroba le feu du ciel. Jupiter, indigné de son audace, le fit enchaîner par Vulcain sur le Caucase, où un vautour dévoroit son foie sans cesse renaissant.

Le dessin de ce tableau est correct et savant. Les formes de Prométhée sont athlétiques ; ses bras et ses jambes sont enchaînés au rocher ; un vautour déchire sa peau ; la contraction de tous ses muscles annonce les tourmens qu'il éprouve ; la douleur mêlée de rage est également bien exprimée par les traits de son visage : il essaie vainement de rompre ses chaînes ; on voit que ses efforts sont impuissans.

Le ciel du tableau est rouge et enflammé. M. Blondel a peut-être par là voulu caractériser la réverbération des feux infernaux ; ce-
~~~~~~~~~~~~~~~~~~~~~~~~~~~~~~~~~~~~~~~

pendant on ne place pas le Caucase dans les Enfers.

Nous observerons aussi qu'à l'endroit où le vautour déchire la peau, les côtes doivent s'opposer au passage de son bec : mais ces légères observations n'ôtent rien au mérite de ce tableau.

LAIR.

337. — *Jeanne-d'Arc.*

On connoît l'histoire de Jeanne-d'Arc, de cette héroïne, qui, sous le nom de *Pucelle d'Orléans*, rétablit la fortune de la France, près de succomber sous les efforts des Anglais, et qui ensuite, prise par ces derniers, fut brûlée à Rouen, comme sorcière. Le peintre l'a représentée au moment où montant à l'assaut, le pied sur le dernier échelon, elle arbore l'étendard de la France sur les remparts du fort des Tournelles, qui seul encore défendoit Orléans. Derrière elle est un guerrier qui la suit et dont on ne voit que le buste ; et sur le devant trois ennemis, dont on n'aperçoit que la tête et les épaules, fuient précipitamment.

L'attitude de Jeanne-d'Arc est belle, son

visage est plein de noblesse ; elle lève les yeux
vers le ciel, comme pour le prendre à témoin
de sa prise de possession ; le calme réside sur
tous ses traits : mais le peintre, en donnant
tous ses soins à la figure principale, a cruelle-
ment négligé celle qui la suit ; car on ne sauroit dire si on voit le devant ou le derrière de
son corps, et sa tête est absolument de profil.
Nous observerons aussi que la situation du bras
duquel Jeanne tient son épée, est loin d'annoncer qu'elle vient de porter des coups ter-
ribles ; cependant les trois guerriers ennemis
placés devant elle fuient avec toutes les marques de la terreur, et l'un d'eux tient encore le
tronçon de sa lance, qu'elle a coupée en deux
d'un coup d'épée.

La partie du coloris est un peu négligée ; le
ciel est absolument vert.

GROS.

272. — *Le champ de bataille d'Eylau.*

Le lendemain de la bataille d'Eylau, Sa Majesté
l'Empereur, accompagné de ses généraux, vi-
sita le champ de bataille. Ému de compassion,
pénétré d'horreur à la vue de ce spectacle, il

ordonna que les plus prompts secours fussent administrés aux Russes blessés. Touché de tant d'humanité, un jeune chasseur lithuanien se précipite vers le monarque et lui témoigne sa reconnoissance avec l'accent de l'enthousiasme.

La manière dont M. Gros s'est tiré de ce sujet, difficile à traiter, ne peut qu'ajouter à la réputation que lui ont déjà acquise ses autres ouvrages.

Le premier plan du tableau est occupé par un amas de morts et de blessés; des chirurgiens prodiguent des soins aux derniers. A droite, un Russe blessé, emporté par la douleur, repousse la main qui veut le secourir.

Sur le second plan du tableau, est l'Empereur à cheval et entouré de ses généraux; profondément ému, il lève les yeux vers le ciel. Le jeune Lithuanien, quoique blessé, s'est précipité vers lui, et à demi-agenouillé, lui embrasse la jambe.

Au-delà, à droite, on distingue un vieux Russe blessé qu'un soldat place sur un cheval.

Dans le lointain, on aperçoit les troupes françoises qui bivouaquent sur le champ de bataille. La terre est au loin couverte de neige.

Le dessin est large et correct, les têtes res-

semblantes et d'un beau style , les attitudes
belles, le coloris à la fois vrai et harmonieux,
les figures bien disposées et bien groupées , et
le principal personnage se détache parfaitement
bien. L'épisode le plus intéressant est celui qui
fixe d'abord les yeux.

M. Gros a entièrement sauvé les inconvé-
niens des costumes françois, l'écueil de beaucoup de peintres.

C'est dommage que la ligne d'horizon soit
si haute ; si les têtes se détachoient sur le ciel,
l'effet en seroit plus grand.

On pourroit peut-être reprocher à M. Gros
d'avoir outré la nature dans les figures du
premier plan : d'abord elles sont un peu trop
gigantesques ; ensuite les têtes des morts et des
mourans sont par trop horribles et par-là peu
naturelles : quand même elles le seroient, le
peintre auroit pu sauver ces détails trop affreux.

WATELET.

631. — *Paysage : site d'Italie.*

Ce beau paysage annonce un talent distingué; on y reconnoît partout la nature, mais une nature encore embellie par l'art. Les arbres se détachent bien par masses, et le feuillé en est admirable.

Tous les plans sont bien gradués; l'œil n'a à franchir aucun vide. Les devans du tableau sont d'une couleur vraie et vigoureuse, qui s'affoiblit graduellement jusqu'aux derniers plans, qui sont légers et suaves.

REMI.

490. — *Aristomène et ses compagnons d'armes précipités dans le Ceada.*

Aristomène, la gloire et le soutien de Messène sa patrie, fut surpris à la tête d'un petit détachement des siens par une troupe nombreuse de Spartiates; il se défendit en héros : mais enfin renversé d'un coup de pierre, il fut pris et précipité avec un certain nombre des siens dans un gouffre nommé le Ceada, dont la profondeur étoit effrayante. Seul, d'entre ses compagnons, il eut le bonheur d'arriver au fond sans être dangereusement blessé. Pendant deux jours il resta enseveli dans cet abîme; mais le troisième il entend quelque bruit, et il aperçoit , à la faveur de la sombre clarté qui pénètre dans le gouffre , un renard qui venoit chercher sa pâture. Dans le moment où l'animal s'approche de lui , il le saisit par la queue et le suit sans lâcher prise jusqu'à une ouverture qui donnoit dans la campagne. Il lâche le renard , qui se sauve , agrandit l'ouverture , sort de son tombeau , et Messène revit ce héros.

L'artiste a représenté Aristomène au moment où il reprend ses sens ; il s'est levé, étend les bras et paroît chercher un objet qui puisse guider sa marche. Auprès de lui sont ses compagnons étendus sur la terre ; quelques-uns sont déjà morts , d'autres paroissent prêts à rendre le dernier soupir.

Le dessin de ce tableau est correct , les attitudes variées et naturelles , les expressions vraies : mais on pourroit peut-être reprocher à M. Remi d'avoir choisi un sujet aussi ingrat et aussi peu propre à faire ressortir son talent. En effet, un amas d'hommes mourans, couverts de blessures , inspire autant d'horreur que de pitié ; l'idée d'un supplice aussi affreux nous révolte, et on détourne les yeux de cette scène. Voilà les défauts du sujet ; venons à ceux du tableau. Tout en rendant justice au dessin et à la vérité des expressions, on ne peut disconvenir que la figure d'Aristomène ne soit commune; ce n'est pas celle d'un héros. On rapporte que lorsqu'il fut précipité dans le Ceada, ce fut à son armure qu'il dut sa conservation; ce qui est effectivement probable: et cependant M. Remi l'a représenté nu, une simple chlamyde couvre son corps; il n'a pas de casque. Il auroit pu en avoir un, ainsi qu'une cuirasse; cela eût été d'autant plus convenant, que sur le devant du tableau, à droite, on voit un jeune guerrier mourant couvert de ses armes.

La couleur est peu agréable; et, en général, on désireroit plus de vigueur sur les devans, qui sont aussi trop éclairés.

Le ton livide des chairs pourroit déplaire à beaucoup de personnes; mais elles doivent observer que le sang a dû se retirer vers le cœur, et cette lividité est alors motivée.

ERRANTE.

211. — *Le concours de la beauté.*

Dans plusieurs villes de la Grèce, on avoit établi des prix pour la beauté; des jeunes filles, nues, exposoient leurs attraits aux yeux des philosophes et des artistes; et ceux-ci, après un sévère examen, accordoient la palme à la plus belle.

La scène se passe dans le temple de Cérès Eleusine. Les juges de la beauté considèrent avec attention quatre jeunes filles nues et placées dans les attitudes les plus voluptueuses.

Un des artistes, le compas-courbe à la main, mesure l'épaule de l'une d'entr'elles.

Le coloris de ce tableau est peu agréable; les couleurs locales, et en particulier les carnations sont ternes et froides; le ciel, que l'on aperçoit à travers les colonnes du temple, est absolument vert; les plis des draperies sont petits et peu distincts, de sorte qu'à une certaine distance elles paroissent lourdes et mal senties; les têtes des philosophes et des artistes sont triviales. Voilà les défauts de ce tableau; voyons ses beautés: le dessin est correct, les figures de femmes sont d'un beau style, leurs formes sont belles et gracieuses, elles sont d'ailleurs groupées d'une manière pittoresque et propre à faire ressortir leurs beautés.

LIBOUR.

397. — *Fureur jalouse d'un Arabe.*

Non loin d'Alexandrie, des soldats françois rencontrèrent une jeune femme tenant d'une main un enfant et de l'autre cherchant un objet qui pût la guider, son visage est ensanglanté, ils s'aperçoivent avec horreur qu'on lui a arraché l'organe de la vue ; ils apprennent bientôt que cet affreux spectacle est l'effet de la jalousie d'un Arabe. Emus de pitié, ils se privent de leurs propres alimens, dont ils ont cependant un grand besoin, pour en faire part à cette infortunée, lorsqu'ils voient arriver un furieux qui s'écrie : *Arrêtez, elle a manqué à son honneur, cet enfant est mon opprobre et le fils du crime !* En même temps il lève un poignard et en frappe cette malheureuse, avant qu'on l'ait pu empêcher.

L'artiste a choisi l'instant où l'Arabe va consommer son crime ; il lève le fer homicide, les soldats se précipitent vers lui pour l'arrêter.

Le mouvement de l'Arabe paroît peu vif, d'ailleurs il tient son poignard trop perpendicu-

lairement pour pouvoir en frapper facilement
sa victime, et le mouvement des Français qui
veulent l'arrêter est, au contraire, d'une extrême impétuosité : ainsi on pourroit croire
que le crime n'a pas été commis, si le livret
ne disoit le contraire. Nous observerons aussi
qu'un des François, qui est à genoux, se re-
jette vivement en arrière en fermant le poing:
ce mouvement n'est pas naturel. La surprise,
dira-t-on...... Mais le premier sentiment de ce
soldat devoit être d'empêcher le crime : on se re-
jette en arrière, lorsqu'on est soi-même menacé.

C'est dommage aussi que le coloris de ce tableau, qui manque absolument d'effet, soit
aussi terne et aussi peu agréable : les figures
ne tournent pas et manquent de relief.

Il y a beaucoup de vérité dans l'expression
des soldats ; le dessin est en général correct;
c'est dommage que les figures soient si gigantesques. Nous observerons à cet égard, que
lorsque la figure principale se trouve sur le
second plan (comme dans le tableau de
M. Gros, *le champ de bataille d'Eylau*), alors
on est obligé de faire les figures du premier
plan au-dessus de la nature, afin que celles du
second puissent être de grandeur naturelle
mais rien ici n'a obligé M. Libour de faire ses

personnages, et en particulier l'Arabe, d'une si énorme proportion, puisqu'ils occupent tous les devans du tableau.

PERRIN.

465. — *La Tempête* (sujet tiré de Gessner).

Mysis et Lamon gardoient un troupeau de génisses sur le bord de la mer ; les nuées s'amoncèlent, une tempête terrible se prépare, la mer se gonfle, et les flots blanchis d'écume s'élèvent jusqu'aux nues. Ils aperçoivent un vaisseau suspendu sur les vagues ; bientôt il disparoît. Ce spectacle leur inspire de tristes réflexions sur la cupidité des mortels, que l'appât des richesses engage à se confier au plus perfide des élémens. L'espérance de secourir les naufragés les engage à descendre sur le rivage. Là, sur le sable, entre les débris du vaisseau, ils aperçoivent le corps d'un beau jeune homme ; ils essaient vainement de le rappeler à la vie, et ils l'ensevelissent en pleurant. A côté de lui ils avoient trouvé une cassette remplie d'or ; ils la gardèrent pour la rendre à celui qui la réclameroit. Ce trésor étant resté entre leurs mains, ils l'employèrent à élever auprès de la tombe du jeune homme un petit temple consacré au dieu Pan.

Le corps du jeune homme est étendu sur le sable; un des pasteurs courbé porte la main sur le cœur du cadavre; il est attentif, il espère sentir une pulsation. L'autre est debout; son attitude annonce une surprise mêlée de douleur et de pitié. Au-delà on aperçoit la mer encore courroucée; le ciel est couvert par de sombres nuages, qui paroissent poussés par un vent impétueux.

Ce beau tableau est plein d'effet; il porte dans l'âme le même sentiment de terreur et de pitié que l'idylle de Gessner. On admire l'élégance des formes du jeune homme ; on plaint son malheur. L'expression et les attitudes des deux pasteurs sont remplies de vérité.

La disposition générale du tableau est belle, le dessin très-savant, le coloris vrai et vigoureux, les couleurs locales en particulier sont fraîches et agréables, la lumière est répandue d'une manière savante, et l'effet général est harmonieux.

Les plis des draperies sont trop petits. Dessous le corps du jeune homme est une draperie légère, qui ne paroît pas fixée sur lui :

comment les vagues lui ont-elles laissé ce vê-
tement?

BOILLY.

53. — *Un jeu de billard.*

Lors des expositions publiques, les ouvrages
de M. Boilly attirent constamment les yeux
du public; ses jolis tableaux plaisent généralement, et on pardonne volontiers quelques légères incorrections de dessin, que l'on y trouve
même rarement, en faveur d'un coloris brillant et naturel, d'une grande finesse d'expression et de beaucoup de vérité. On ne sait assez
regarder ce tableau, dont l'effet de lumière
est extrêmement pittoresque. Il représente
l'intérieur d'une salle de billard : plusieurs personnages sont attentifs au jeu, tandis que d'autres causent entr'eux. Toutes ces petites figures
sont pleines d'expression, et ce charmant tableau est plein d'ensemble et d'harmonie.

LAURENT.

35o. — *La fée Urgèle.*

Les jolis tableaux de M. Laurent plaisent

généralement au public, mais c'est surtout la
fée Urgèle qui fixe son attention ,

> Sous la figure d'une vieille édentée ,
> Au teint de suie , à la taille écourtée ,
> Pliée en deux, s'appuyant d'un bâton.
>
> VOLTAIRE.

Elle vient devant la reine Berthe, demander
l'exécution des sermens du chevalier Robert;
la reine reconnoît la justice de cette demande,
et fait, en conséquence, trois parts de la fortune de Robert.

> Les vingt écus , à Marton la lésée,
> Sont dûs de droit ; et pour ses œufs cassés ,
> La bonne vieille aura votre monture ;
> Et vous, Robert, vous aurez votre armure.
>
> La vieille dit : Rien de plus généreux ;
> Mais ce n'est pas son cheval que je veux ;
> Rien de Robert ne me plaît que lui-même ;
> C'est sa valeur et ses grâces que j'aime :
> Je veux régner sur son cœur amoureux ;
> De ce trésor ma tendresse est jalouse.
> Entre mes bras Robert doit vivre heureux ;
> Dès cette nuit je prétends qu'il m'épouse.
> A ce discours, que l'on n'attendoit pas,
> Robert, glacé, laisse tomber ses bras.
>
> VOLTAIRE.

Et voila le moment qu'a saisi M. Laurent:

son chevalier Robert a l'air un peu sot , mais cet air lui convient. Nous trouverons un peu à redire au sujet du conseil de la reine.

Elle assembla son conseil de dévotes.

VOLTAIRE.

Dans le tableau, ce conseil est composé de jeunes femmes.

Nous observerons que la couleur, quoique très-agréable , n'est pas nourrie, et manque de force ; le pinceau est mou ; ce défaut est particulièrement remarquable dans les draperies. On ne peut mieux caractériser la manière de M. Laurent qu'en la comparant à une peinture sur émail ou sur porcelaine.

Le fini précieux de ce tableau, qui sent un peu la mignature, en augmente le mérite aux yeux de beaucoup de personnes.

GRANET.

268. — *Sainte Marie in Viâ-Latâ.*

Cette église a pris son nom de la Via-Lata qui conduisoit au Capitole.

Ce joli tableau est plein d'effet, la lumière est répandue de la manière la plus pittoresque.

On y voit un aumônier distribuant des secours à quelques pauvres : M. Granet a bien
fait de placer ces figures dans son tableau ;
elles en augmentent l'intérêt, car quel spectacle
plus touchant que celui des ministres de la
religion offrant des consolations et des secours aux malheureux!

BERTHÉLEMI.

28. — *L'Empereur visitant les fontaines
de Moïse, en Arabie.*

Sa Majesté l'Empereur, alors général en
chef de l'armée d'Égypte, après avoir passé
l'isthme de Suez et la Mer-Rouge, visite les
fontaines de Moïse, situées en Arabie ; il étoit
accompagné du général Cafarelly et d'une
partie de son état major et de plusieurs membres de l'institut d'Égypte.

M. Berthélemi a parfaitement bien rendu
les sites de l'Égypte; il a exactement caractérisé le ciel, le terrain et même les végétaux
de ce climat brûlant.

Les lois de la perspective aérienne sont bien
observées, le coloris est agréable, et, sous ces
rapports, ce tableau est plein d'effet. C'est

dommage que **M.** Berthélemi ait un peu négligé la partie du dessin : la figure principale,
entr'autres, est d'un dessin mesquin et incorrect, sa jambe droite est tout à fait mauvaise;
et le corps du cheval est beaucoup trop gros
et trop long pour sa tête.

MONSIAU.

438. — *Les comices de Lyon.*

Ce tableau a été ordonné par Sa Majesté
l'Empereur.

Il représente les députés de l'Italie réunis
dans l'ancienne église des jésuites de Lyon,
pour recevoir de Sa Majesté, alors premier
consul, une autre forme de gouvernement.

L'explication de ce tableau, contenue dans
le livret du musée, annonce que l'artiste a représenté, autant qu'il a pu, les personnes qui
composoient cette assemblée, et qu'il a sup-
pléé aux portraits qu'il n'a pu se procurer, par
ceux de quelques personnes distinguées dans
les arts ou dans les belles-lettres.

Ce sujet étoit difficile à traiter; en effet,
cinq ou six cents personnes rangées sur des
gradins, et dont les attitudes seroient les

mêmes, offriroient un ensemble froid et uniforme; le peintre doit donc en varier un peu
les attitudes : mais M. Monsiau voulant, avec
raison, éviter le trop d'uniformité, est tombé
dans le défaut contraire. D'abord la plupart
des postures qu'il donne à ses figures sont in-
convenantes dans une cérémonie aussi imposante; ensuite ces mêmes attitudes si variées,
forment une infinité de lignes qui se croisent
en tout sens et dont, conséquemment, l'effet
est désagréable et présente de la confusion.
Cette variété que l'on remarque dans les attitudes, on ne la retrouve point dans les physio-
nomies; car elles ont toutes un trait qui les
rapproche, un nez trop long.

Le coloris est un peu gris; et l'artiste auroit pu donner un peu plus de vigueur aux figures du premier rang.

Mais bornons ici cette critique et convenons
que si ce tableau présente quelques défauts, il
offre aussi de grandes beautés.

~~~~~~

Mme DAVIN.

149. — *Une dormeuse.*

Ce tableau représente une jeune fille endor-
~~~~~~

mie sur le bord de l'eau, où elle avoit été couper du jonc ; à côté d'elle est une serpe : au-delà d'un marais, on aperçoit trois chevaliers, qui considèrent, d'un peu loin il est vrai, cette jeune beauté : ils sont trop petits pour le plan qu'ils occupent.

Le coloris est frais et agréable, le paysage est cependant un peu trop gris. Comme le jour vient d'en haut, le corps de la jeune fille ne projette aucune ombre : l'effet seroit plus grand, si la lumière eût été oblique et si par conséquent cette figure eût porté ombre sur la terre ; alors elle se détacheroit beaucoup mieux ; le bras sur lequel elle appuie sa tête se dessine mal et manque de souplesse.

Ce tableau est au reste fort agréable et plait généralement.

ROEHN.

524. — Hôpital des François et des Russes à Mariembourg.

On avoit choisi le réfectoire du château de Mariembourg pour en faire un hôpital militaire pour les François et les Russes. L'artiste a représenté l'intérieur de cet hôpital rempli de blessés, après la bataille de Friedland.

Une jeune personne, suivie d'une dame âgée, offre avec l'air de l'intérêt et de la compassion, un bouillon à un jeune officier blessé; celui-ci la considère avec l'expression de la reconnoissance; cet épisode est très-intéressant et fixe d'abord les yeux : ensuite la vue se porte sur le nombre infini de blessés, qui remplissent le reste de l'antique réfectoire: des chirurgiens pansent les blessures des uns, les autres reposent, de nouveaux blessés sont apportés sur des civières; tout est en mouvement : on ne sait assez admirer la variété et la multitude des objets, cependant on ne remarque nulle part de la confusion.

Le coloris est bon, le clair-obscur d'une belle entente : la voûte de l'hôpital paroît s'enfoncer, et fait vraiment illusion; la perspective aérienne est bien observée, et l'air circule bien dans cette vaste salle.

RIESENER.

497. — *Portrait d'une dame, en pied, et de sa sœur.*

Les portraits de M. Riesener sont, en général, pleins de vérité; mais c'est surtout à celui-ci que l'on doit s'arrêter. Mettant à part le mérite de la ressemblance, que l'on examine avec attention l'expression des figures, la vérité des étoffes, et qu'on joigne à cela un beau coloris, beaucoup de vigueur et d'harmonie, et l'on sera convaincu que, comme peintre de portraits, M. Riesener possède un talent supérieur.

ABEL.

1. — *Clémence de César.*

Ligarius, préfet d'Afrique, ayant suivi le parti de Pompée, s'opposa à l'arrivée de Q. Tuberon, qui étoit venu pour s'emparer de cette province et la livrer à César; après la guerre civile, Tuberon l'accusa d'avoir été le partisan de Pompée; Ligarius étoit déjà condamné, lorsque Cicéron plaida sa cause avec tant d'éloquence, que César ému laissa tomber de ses mains la condamnation et fit grâce à Ligarius.

Le style de ce tableau est sévère, point d'ornemens, une draperie simple et unie couvre César. Cette simplicité n'est pas la matière d'un reproche ; au contraire, elle annonce souvent le vrai talent d'un peintre, et ici de plus, elle prouve que M. Abel a su sacrifier un faux brillant à la fidélité de l'histoire.

César est assis, il paroît attentif au discours de Cicéron ; l'éloquence de celui-ci l'a persuadé, et sa main ouverte laisse échapper la condamnation. Du côté gauche du tableau est Ligarius : il est debout, son air, son attitude, tout annonce l'indécision ; il regarde César, il tâche de lire dans ses yeux ; on doit supposer qu'il n'a pas aperçu le mouvement par lequel ce prince a laissé tomber sa sentence, car un rayon de joie devroit briller sur son visage.

L'attitude animée de Cicéron décèle le feu de son éloquence ; ses formes sont prononcées et austères.

La tête de César ressemble assez aux bustes et aux médailles qui nous restent de lui ; il est couronné de lauriers.

Le dessin est large et correct, les draperies d'une grande manière, le coloris est bon. C'est dommage que ce tableau soit actuellement si mal placé, il est difficile de juger de son effet général.

Nous observerons que la condamnation, au lieu de tomber, semble colée aux doigts de César; on peut la supposer à terre ou tombant, ou tenue négligemment , et près de tomber, et cette dernière manière étoit à préférer.

LORDON.

398. — *Atala.*

Le tableau de M. Girodet nous offre Atala privée de la vie, et celui-ci nous la présente au moment où, prête à exaler son âme, le père Aubry lui administre le sacrement de l'Eucharistie : elle est étendue sur une natte; Chactas lui soulève la tête, elle lève les yeux vers le ciel, et entrevoit déjà la félicité éternelle.

L'attitude de Chactas, dont on ne voit pas le visage, annonce une douleur profonde; celle du père Aubry est solennelle.

Nous ne chercherons pas ici à faire des rapprochemens et des comparaisons entre le tableau de M. Lordon et celui de M. Girodet : il faudroit pour cela que ces artistes eussent choisi le même instant, et qu'en outre leurs figures fussent éclairées de la même manière. C'est la lune qui éclaire le tableau de M. Lordon, et c'est ce que l'on pourra répondre à ceux qui trouveront les contours des figures trop vagues et trop peu prononcés.

Nous observerons que la lune ne s'éloigne pas assez. Nous ferons ici une observation : si elle eût été presque cachée derrière la grotte, l'effet général du tableau eût été encore plus grand, parce que cette masse de blanc éteint les autres lumières ; et nous nous résumerons à ce principe général, qu'il faut, autant que possible, cacher la cause immédiate de la lumière, parce que cette cause, plus brillante que l'effet, y nuit.

Mme AUZOU.

11. — *Agnès de Méranie.*

Lorsque le mariage d'Agnès de Méranie,

fille du duc de Dalmatie, et troisième femme de Philippe-Auguste, fut déclaré nul, elle se retira avec ses deux enfans au château de Poissy, où elle mourut de douleur; peu d'instans avant ses derniers momens, elle écrivit au roi : *Philippe, souviens-toi de nos enfans.*

Madame Auzou a représenté cette princesse au moment où elle remit à la comtesse de Barres, seule amie qui lui soit restée, l'écrit qu'elle vient de tracer; elle est à genoux devant une prie-dieu, la comtesse la soutient d'une main, et de l'autre prend l'écrit : les deux petits enfans se sont précipités sur leur mère; le plus âgé baise sa main, et l'autre tâche de grimper sur elle pour l'embrasser.

L'expression de la mourante Agnès est belle et parfaitement bien rendue; c'est une mère qui va quitter ses enfans pour toujours, elle regarde la comtesse de Barres avec une expression douloureuse et suppliante, et lui recommande les objets les plus chers à son cœur.

On pourroit trouver quelque chose à redire à la figure de la comtesse de Barres; d'abord son visage est trop masculin, ensuite la curiosité y domine plus que la douleur. L'aîné des enfans de la comtesse se dessine mal; mais ces légers défauts sont bien rachetés par un coloris brillant et harmonieux, et par beaucoup de beautés de détail.

En général, ce tableau est plein d'effet.

~~~~~~~~~~~~~~~~~~~~~~~~~~~~~~~~~~~~~~

VERNET (CARLE).

617. — *Sa Majesté l'Empereur donnant ses ordres aux maréchaux de l'empire, le matin de la bataille d'Austerlitz.*

Ce sujet est du nombre de ceux qui ne prêtent point à la peinture; d'abord, parce que l'action n'étant point assez significative, elle ne peut être interprétée qu'à l'aide d'une explication, car rien n'annonce ici que ce soient plutôt les préparatifs de la bataille d'Austerlitz, que ceux d'une autre bataille; ensuite, comme ce sujet ne peut guère offrir d'expressions bien prononcées, les têtes ne peuvent avoir d'autre mérite que celui d'un portrait ressemblant; et, à cet égard, elles en ont beaucoup; il faut cependant en excepter celle de Sa Majesté, à laquelle l'artiste auroit pu donner plus d'inspiration, et un caractère plus élevé et plus énergique.

Mais ce sujet, qui seroit l'écueil de beaucoup de peintres, est en quelque sorte le
~~~~~~~~~~~~~~~~~~~~~~~~~~~~~~~~~~~~~~

triomphe de M. Vernet, parce que tous les personnages sont à cheval, et on sait que pour la vérité, la légèreté et l'élégance des chevaux, ce peintre n'a pas beaucoup d'é-gaux : si cela n'étoit généralement reconnu, ce tableau le prouveroit.

Les personnages sont bien posés et bien en selle. La couleur est belle et harmonieuse.

On reproche au peintre d'avoir tellement éteint et disséminé la lumière, qu'on ne sauroit dire d'où elle vient, et par conséquent que le tableau n'offre aucun effet brillant : on pourroit répondre que la scène se passant de grand matin, et sous un ciel nébuleux, l'artiste n'a pu produire de grands effets de lumière ; nous observerons cependant qu'il auroit pu donner un peu plus de vigueur aux devans.

HERSENT.

Reconnoissance d'un Indien envers Las-Casas.

Ce tableau n'est pas sur la notice du Musée, il est placé dans le salon d'Apollon.

On connoît les cruautés que les Espagnols commirent dans le nouveau monde ; les mal-

heureux Indiens, chassés comme des bêtes fé-
roces, se réfugioient dans les contrées les plus
désertes. Le vertueux Las-Casas, dominicain,
prit leur défense, il soutint les opprimés de
tout son pouvoir et prêcha partout la dou-
ceur.

Cependant Las-Casas tombe dangereusement malade : un des chefs indiens entendit dire
que le lait de femme lui étoit nécessaire, et à la
faveur des ombres de la nuit, il lui amena la
sienne. La guerre cruelle que l'on faisoit aux
Indiens, l'eût empêché de parvenir jusqu'à
lui pendant le jour.

Voilà le sujet du tableau de M. Hersent ; ce
sujet est heureux, et la manière dont il l'a
traité ne l'est pas moins.

L'Indienne approche son sein du vénérable
vieillard étendu sur un lit, dont le chef soutient l'oreiller ; ces deux figures présentent
l'expression d'une tendre compassion. La scène
est éclairée par une lumière. La chambre de
Las-Casas annonce une simplicité apostoli-
que, les murs nus n'ont d'autre ornement
que les signes de la religion.

L'artiste a parfaitement caractérisé les deux
Indiens. Le dessin est correct, le coloris vrai,
agréable et vigoureux ; le clair-obscur d'une

3 *

belle entente ; et en général ce petit tableau est plein d'effet.

***

DEBRET.

150. — *Sa Majesté l'Empereur distribuant les décorations de la légion d'honneur aux braves de l'armée russe, à Tilsitt.*

Ce tableau représente Sa Majesté l'Empereur décorant de la croix de la légion d'honneur le plus brave cavalier de la garde impériale russe : celui-ci s'est avancé auprès de Napoléon, qui a détaché sa croix et la lui présente ; le soldat, pénétré de l'enthousiasme de la reconnoissance, s'est précipité sur la main de Sa Majesté pour la baiser.

Vis-à-vis est l'Empereur de Russie, il considère cette scène avec intérêt. Le reste du tableau est rempli par des personnages de la suite des deux monarques.

Toutes les figures principales sont à cheval : c'est une difficulté que M. Debret a eu à vaincre et il y a réussi : la situation du cavalier qui reçoit la croix devoit être fort gênante, cependant son attitude n'offre rien de gêné ; d'une main il soutient le bras de Sa Majesté,

y porte ses lèvres et de l'autre reçoit le don.
Le dessin de ce tableau est en général correct,
les attitudes bonnes. Cependant il présente de
grandes imperfections du côté de la couleur et
du clair-obscur, et il manque totalement
d'harmonie et d'effet; on y remarque beaucoup de teintes crues qui produisent un effet
désagréable : en général les objets ne tournent
pas; ce défaut se remarque surtout dans le
cheval blanc de Sa Majesté, qui manque absolument de relief.

On doit, à la vérité, supposer que ce tableau n'est pas terminé : alors on ne devroit
le considérer que comme une ébauche, et sous
ce rapport il est plein de mérite.

La figure de Sa Majesté l'Empereur des
François est trop blanche, elle n'est pas d'ailleurs ressemblante.

Mme. CHARPENTIER.

114. — *Première cure d'un jeune médecin.*

Il faut admirer ce joli tableau, qui, par
l'élégance du dessin, la beauté du coloris, et
la finesse des expressions, mérite d'être placé
parmi les meilleurs de ce genre.

Le jeune médecin est assis devant sa malade convalescente, et la regarde avec intérêt. Nous observerons seulement que celle-ci quoiqu'un peu pâle ne paroit pas sortir d'une grande maladie, c'est ce qui diminue un peu le mérite de la cure.

***

MULARD.

443. — Sa Majesté l'Empereur fait présent d'un sabre au chef militaire de la ville d'Alexandrie, en Egypte.

Lors de la prise de cette grande ville ses principaux habitans se rendirent au quartier-général de Sa Majesté, qui, voulant leur témoigner l'estime que lui inspiroit la manière dont ils avoient défendu la ville, fait présent d'un sabre à leur chef militaire.

M. Mulard a représenté l'instant où ce chef à genoux reçoit le don et jure de ne s'en servir que pour la cause des François; derrière lui sont les habitans qui l'ont suivi.

Autour de Sa Majesté sont les personnes de sa suite

Ce tableau est plein d'effet, la plupart des personnages de la gauche sont traités avec beaucoup de talent, la lumière répandue avec art, les draperies bien jetées et bien caractérisées; c'est dommage que l'artiste ait extrêmement négligé la figure principale, celle de **Sa Majesté** : le dessin en est maigre et mesquin, elle manque totalement de ressemblance; elle n'est pas d'ailleurs en proportion avec le chef qui est à genoux; celui-ci, s'il étoit debout, seroit à la vérité d'une taille gigantesque, et le sabre qu'on lui présente est beaucoup trop petit pour lui.

On remarque aussi que le groupe des personnages de la gauche devroit projeter une ombre plus forte.

DAVID.

146. — *Les Sabines.*

Romulus pour consacrer la ville de Rome, à peine achevée, fit publier dans toute la Sabinie qu'il alloit faire célébrer des jeux en l'honneur du dieu Consus; la plupart des Sabins, accompagnés de leurs femmes et de leurs filles, se trouvèrent à cette fête; tout à coup, à un signal de Romulus, les Romains ferment les issues, tirent leurs épées, et se précipitent sur les Sabines , qu'ils enlèvent : vainement celles-ci veulent chercher un abri dans les bras de leurs époux, de leurs pères, les ravisseurs immolent tout ce qui leur résiste, enlèvent leur proie et vont la cacher dans Rome : les Sabins furieux, couverts de blessures, retournent dans leurs foyers annoncer cette affreuse nouvelle et préparer la vengeance.

Trois ans se passèrent, les Romains avoient épousé les Sabines et les traitoient avec égard. Mais au bout de ce temps les Sabins, toujours indignés de l'outrage qu'ils avoient reçu, se rassemblent sous le commandement de Tatius ; ils marchent vers Rome, pour exterminer les ravisseurs, et se rendent maîtres du Capitole par la trahison de Tarpeïa. Aussitôt les Romains s'arment à la hâte et marchent vers l'ennemi ; Romulus les commande et vient présenter la bataille sous les murs du Capitole ; Tatius l'accepte, le combat s'engage avec fureur, les Romains plioient déjà ; les deux chefs se rencontrent au plus fort de la mêlée, se reconnoissent, et alloient se livrer un combat singulier ; lorsque tout à coup les Sabines, les cheveux épars, les yeux noyés de larmes, se précipitent au milieu des combattans ; elles tiennent leurs petits enfans sur leur sein, elles poussent des cris lamentables, elles appellent à grands cris leurs pères, leurs frères, leurs époux ; les épées ensanglantées, le carnage, rien ne les effraie ; les combattans, émus de pitié, leur font place ; Hersilie, l'une d'elles, femme de Romulus de qui elle avoit deux enfans, se précipite entre les deux chefs, et s'écrie :

« Sabins, que venez-vous faire sous les
» murs de Rome ? ce ne sont point des filles
» que vous voulez rendre à leurs parens, ni des
» ravisseurs que vous voulez punir. Il falloit
» nous tirer de leurs mains lorsque nous leur
» étions encore étrangères : mais maintenant
» que nous sommes liées à eux par les chaînes
» les plus sacrées, vous venez enlever des fem-
» mes à leurs époux, et des mères à leurs en-
» fans. Le secours que vous voulez nous don-
» ner à présent nous est mille fois plus doulou-
» reux que l'abandon où vous nous laissâtes
» lorsque nous fûmes enlevées. Si vous faisiez
» la guerre pour quelque cause qui ne fût pas
» la nôtre, encore aurions-nous des droits à
» votre pitié, puisque nous ne faisons plus
» qu'une famille ; si cette guerre n'a été entre-
» prise que pour nous, nous vous supplions de
» nous rendre nos pères et nos frères, sans

« nous priver de nos maris , et de nos en-
» fans ».

Tel est le langage que l'on prête à Hersilie,
dont les paroles accompagnées de larmes ,
pénètrent dans tous les cœurs; les femmes qui
l'accompagnoient, mettent leurs enfans aux
pieds des combattans , d'autres les élèvent en
l'air et les opposent comme des boucliers impé-
nétrables à des forêts de piques qui se baissent
à leur aspect.

Ce spectacle chasse la colère de tous les
cœurs , les combattans s'arrêtent , Romulus
suspend le javelot qu'il est prêt à lancer, des
sentimens de paix se propagent de rang en
rang : dès ce moment plus de guerre , plus de
vengeance ; les Romains et les Sabins s'embras-
sent , et bientôt ces deux peuples réunis n'en
forment plus qu'un seul.

M. David a choisi l'instant le plus intéressant, celui où Hersilie s'est précipitée entre
Tatius et son époux. Tatius est encore en pos-
ture de frapper; son visage porte encore l'empreinte des passions haineuses, de la vengeance : mais Romulus n'est plus dans l'attitude
qui est nécessaire pour lancer un javelot, ses
traits n'offrent plus le caractère de la colère.
Quelques critiques ont pensé que cela étoit

contradictoire : mais nous leur observerons que Tatius étoit l'offensé ; le désir de la vengeance devoit encore combattre dans son cœur les douces émotions qu'Hersilie cherchoit à y faire naître : au lieu que Romulus , au contraire , n'étoit animé que par la nécessité de se défendre.

Au milieu du tableau, une Sabine élève son enfant entre ses bras, et l'oppose aux piques des Sabins. On doit admirer ici l'idée heureuse du peintre : cette figure placée sur le second plan eût été, par sa position, presque cachée derrière celles du premier ; mais l'artiste l'a élevée sur une pierre, qui se trouve en cet endroit, et cet épisode intéressant se présente de la manière la plus avantageuse.

Encore sur le second plan, derrière Romulus, est une vieille femme ; elle est à genoux, découvre sa poitrine et semble aussi l'intercéder.

A droite du tableau sont les Romains, dont les enseignes flottent dans les airs entre une multitude de piques ; parmi eux est un guerrier à cheval, remettant son épée dans le foureau.

L'architecture du fond annonce Rome naissante : les murs du Capitole, couverts de Sabins, sont encore garnis d'échafaudages, et sur la terre sont éparses des pierres taillées.

Beaucoup de personnes trouvent de l'inconvenance dans les costumes de Romulus et de Tatius : elles pensent qu'il n'est pas probable que ces deux chefs se soient présentés au combat sans être couverts d'une cuirasse, tandis que leurs guerriers sont complètement armés ; nous ne nous permettrons pas de prononcer sur cette critique.

Il seroit inutile de chercher à détailler les beautés de ce tableau ; il suffira de dire que sous le rapport de la composition, du dessin et du coloris, c'est un chef-d'œuvre.

L'ordonnance seule du tableau prouveroit que le peintre sait tirer tout le parti possible des ressources de l'art.

144. — Le couronnement.

Ce magnifique tableau est trop généralement connu, pour qu'il soit nécessaire d'essayer de donner ici une idée de son ordonnance.

Bornons-nous plutôt à admirer le talent avec lequel M. David a traité un sujet si difficile.

Le peintre n'a pu rien y ajouter, n'y rien en retrancher; il a dû conserver la disposition des lieux , des personnages, la couleur des draperies, des habillemens, et n'a pu se permettre aucune de ces licences, si nécessaires quelquefois aux beaux arts. De telles difficultés auroient été l'écueil d'un peintre moins habile; mais il les a vaincues, ou plutôt on ne s'aperçoit pas qu'elles aient jamais existé.

Ce n'est pas par l'effet des couleurs, ou par le contraste des parties ombrées avec les parties claires, qu'il a produit un effet aussi frappant et aussi harmonieux , car la disposition des lieux lui interdisoit de telles ressources, mais par une dégradation des teintes, ménagée avec un art extrême.

Mais ce n'est pas seulement dans l'effet général que se fait remarquer le talent supérieur de M. David; c'est encore dans les attitudes, dans les airs de tête, dans les ressemblances qu'on reconnoit cet artiste célèbre. Il ne s'est pas écarté de la nature ; mais il a su lire son langage. Il n'appartient qu'au génie de saisir sur une physionomie ces traits fugitifs qui la caractérisent , que l'on ne sauroit définir, et de les fixer sur la toile.

Son pinceau a su donner à cette scène ma-

gnifique le caractère de grandeur qui lui convient; cependant aucun désordre, point de
fracas, le peintre a su se passer de ce faux
brillant : un calme majestueux régnoit lors de
cette cérémonie imposante, il règne aussi sur
le tableau de M. David; cependant tout est
animé, tout respire.

Quelques personnes ont trouvé le fond du
tableau trop gris, et particulièrement les tri-
bunes du fond. Nous devons leur observer que
si le peintre eût employé un ton plus chaud,
l'harmonie de l'ensemble eût été détruite; le
ton du premier plan étoit donné, il a dû sui-
vre l'échelle de dégradation, il n'auroit pu
monter le ton du dernier dégré sans rompre
cette harmonie; d'ailleurs, comment auroit-il
pu donner l'idée de l'espace, si ce n'étoit
par la dégradation des teintes?

RÉFLEXIONS

SUR L'ÉTAT ACTUEL

DE LA PEINTURE EN FRANCE.

Les amateurs des beaux arts ont dû voir, avec satisfaction, le salon beaucoup plus riche cette année que les années précédentes, non par la quantité des tableaux, qui est effectivement plus considérable, mais par beaucoup de morceaux meilleurs.

Ces progrès sont également sensibles dans les divers genres de peinture : il est inutile de rappeler ici le nom et les ouvrages de MM. Gros, Girodet, Guérin, Prud'hon, etc., pour prouver que le genre de l'histoire marche à grands pas vers sa perfection ; ces noms et ces ouvrages sont trop connus.

Le portrait, le paysage et le genre se distinguent par des artistes non moins célèbres, quoique parcourant une carrière moins vaste.

On a vu surtout avec satisfaction que le coloris, partie que l'école françoise a toujours un peu négligée, a aussi participé à cette amélioration ; cependant , et il faut en convenir, beaucoup de nos artistes sont encore loin de la perfection de ce côté ; trop long-tems on a regardé cette partie de la peinture comme superflue, ou tout au moins comme accessoire. Le Poussin s'en est passé, dit-on. Il est vrai ; mais si Le Poussin à ses talens eût joint ceux du Titien et de Rembrand, ses ouvrages eussent marqué les bornes de l'art.

Il est des personnes qui croient que cette imperfection du coloris provient, en partie, de la difficulté de se procurer de bonnes couleurs actuellement que la guerre interrompt une partie de nos relations commerciales ; mais il n'en est rien, la France produit toutes les couleurs nécessaires à un peintre, une seule exceptée (1).

Il seroit donc à désirer que les jeunes artistes méditassent avec soin les vrais principes du coloris et du clair-obscur, et surtout qu'ils se persuadassent que pour rendre un tableau harmonieux, il n'est pas nécessaire d'en éteindre et d'en affadir toutes les ombres et toutes les

____

(1) Le *bitume de Judée*, couleur solide, chaude et vigoureuse, que beaucoup d'artistes n'emploient pas assez.

lumières : ce n'est pas dans l'uniformité qu'il faut chercher l'harmonie.

Cette exposition a été d'autant plus goûtée, qu'une grande partie des tableaux qui la composent, retrace à nos yeux les grandes actions d'un héros. Le public paroît, à la vérité, regretter que quelques peintres aient négligé de lui donner, dans leurs tableaux, ce caractère de gran-deur et.d'énergie qui lui est propre.

FIN.

ARTISTES

Auxquels Sa Majesté l'Empereur a décerné une médaille d'encouragement.

Peintres d'histoire.

Le Boullenger.
Bergeret.
De l'Ecluse.
Ducis.
Fabre.
Lafond.
Le Barbier.
Lemire jeune.
Dermay.
Lordon.
Vanderlyn.
Remi.
Prot.
Madame Servières.
Huguet.
Madame Giacomelly.

Portrait et miniature.

Aubry.
Saint.
Kinson.
Parent.
Madame Romany.
Casimir Karppf.

Paysage et genre.

Laurent.
Oméganck.
Le Comte.
Granet.
Bertin.

Architecture.

Grand-Jean.
Debret.
Lebas.

Histoire naturelle.

Bessa.
Salvage.

Sculpture.

Lemire père.

Gravure.

Tardieu.
De Frey.
Girardet.
Morel.

TABLE

ALPHABÉTIQUE.

4 *

DE L'IMPRIMERIE DE FAIN,

RUE SAINT-HYACINTE-SAINT-MICHEL, N.° 25.

9 782329 568478